BEI GRIN MACHT SICH IHR WISSEN BEZAHLT

- Wir veröffentlichen Ihre Hausarbeit, Bachelor- und Masterarbeit

- Ihr eigenes eBook und Buch - weltweit in allen wichtigen Shops

- Verdienen Sie an jedem Verkauf

Jetzt bei www.GRIN.com hochladen und kostenlos publizieren

Christian Dube

Bewegungswahrnehmung und Wahrnehmung bewegter Bilder (Motion Pictures)

GRIN Verlag

Bibliografische Information der Deutschen Nationalbibliothek:

Die Deutsche Bibliothek verzeichnet diese Publikation in der Deutschen National-bibliografie; detaillierte bibliografische Daten sind im Internet über http://dnb.d-nb.de/ abrufbar.

Dieses Werk sowie alle darin enthaltenen einzelnen Beiträge und Abbildungen sind urheberrechtlich geschützt. Jede Verwertung, die nicht ausdrücklich vom Urheberrechtsschutz zugelassen ist, bedarf der vorherigen Zustimmung des Verla-ges. Das gilt insbesondere für Vervielfältigungen, Bearbeitungen, Übersetzungen, Mikroverfilmungen, Auswertungen durch Datenbanken und für die Einspeicherung und Verarbeitung in elektronische Systeme. Alle Rechte, auch die des auszugsweisen Nachdrucks, der fotomechanischen Wiedergabe (einschließlich Mikrokopie) sowie der Auswertung durch Datenbanken oder ähnliche Einrichtungen, vorbehalten.

Impressum:

Copyright © 2005 GRIN Verlag GmbH
Druck und Bindung: Books on Demand GmbH, Norderstedt Germany
ISBN: 978-3-656-06848-8

Dieses Buch bei GRIN:

http://www.grin.com/de/e-book/49314/bewegungswahrnehmung-und-wahrneh-mung-bewegter-bilder-motion-pictures

GRIN - Your knowledge has value

Der GRIN Verlag publiziert seit 1998 wissenschaftliche Arbeiten von Studenten, Hochschullehrern und anderen Akademikern als eBook und gedrucktes Buch. Die Verlagswebsite www.grin.com ist die ideale Plattform zur Veröffentlichung von Hausarbeiten, Abschlussarbeiten, wissenschaftlichen Aufsätzen, Dissertationen und Fachbüchern.

Besuchen Sie uns im Internet:

http://www.grin.com/

http://www.facebook.com/grincom

http://www.twitter.com/grin_com

Helmut Schmidt-Universität der Bundeswehr
Fachbereich Psychologie

Seminar:
Wahrnehmungs- und Handlungspsychologie

5. Trimester

Bewegungswahrnehmung und Wahrnehmung bewegter Bilder (Motion Pictures)

Ausarbeitung zum Referat

Vorgelegt von:

Christian Dube

Inhaltsverzeichnis

1. Einleitung

In der Psychologie werden heute drei Systeme der menschlichen Informationsverarbeitung unterschieden. Neben dem motorischen und kognitiven System, leistet das sensorische System – speziell die Wahrnehmungsfähigkeit – einen unverzichtbaren Beitrag zur erfolgreichen Orientierung des Menschen in seiner Umwelt. Innerhalb der visuellen Wahrnehmung stellen Bewegungen in der Umwelt, aber auch des Betrachters selbst, eine wichtige Informationsquelle der visuellen Verarbeitung dar. Nach neueren Erkenntnissen erfolgt die Verarbeitung der Bewegungswahrnehmung im menschlichen Gehirn vorrangig im MT – Areal, welches überwiegend aus bewegungs- und richtungsempfindlichen Neuronen besteht. Diese Neuronen reagieren selektiv auf Reizmuster, die sich in einer bestimmten Richtung über die Retina bewegen (Müsseler & Prinz, 2002).

Auch im Tierreich ist die große Relevanz der Fähigkeit zur Bewegungswahrnehmung deutlich erkennbar und eng mit dem Überleben verknüpft. Viele potenzielle Beutetiere, etwa junge Rehe, erstarren bei auftretender Gefahr und verharren absolut ruhig in einer Deckung. Hat der Jäger seine Beute noch nicht durch andere Sinne, wie etwa ausgeprägten Geruchssinn aufgenommen, so ist die Beute für ihn faktisch unsichtbar. Erfolgreiche Jäger, beispielsweise große Greifvögel wie Adler oder Falken, zeichnen sich daher durch eine überdurchschnittlich gut ausgeprägte Fähigkeit auch kleinste kaum sichtbare Bewegungen wahrzunehmen, aus. Es gibt Tierarten, welche einen unterentwickelten Farbsinn oder schwach ausgeprägte Tiefenwahrnehmung besitzen. Keiner Tierart, abgesehen von blinden Lebewesen, fehlt jedoch die Fähigkeit Bewegungen wahrzunehmen. Bewegung erregt in hohem Maße Aufmerksamkeit, sowohl im Tierreich, als auch bei Menschen. Deutlich wird dies, wenn man Personen beobachtet, die sich in einer Menge befinden und eine andere Person auf sich aufmerksam machen wollen. Meistens schwenkt diese Person dann ihre Arme und reckt sich in die Höhe, was wiederum dazu führt, das der Adressat es leichter hat die Signale zu erkennen (Goldstein, 2002).

In der Forschung ist Bewegungswahrnehmung trotz ihrer hohen Relevanz bisher der am stärksten vernachlässigte Bereich innerhalb der visuellen Wahrnehmung. Lange Zeit ging man davon aus, dass Bewegungswahrnehmung nur ein Spezialfall von Wahrnehmung sei. Später wurde jedoch deutlich, dass Wahrnehmung unter natürlichen Bedingungen fast ausschließlich Bewegungswahrnehmung ist. Darüber hinaus gestaltet sich die experimentelle Untersuchung methodisch als auch apparativ als äußerst schwierig.

In der vorliegenden Arbeit soll der Versuch unternommen werden, das Wahrnehmungssystem zunächst zu analysieren und zu klassifizieren. Im Weiteren werden grundlegende Aspekte der Wahrnehmung von Bewegungen dargestellt sowie Scheinbewegungen erläutert. Die Arbeit bildet damit den ersten und einführenden Teil der schriftlichen Ausarbeitung eines Referates zum Thema „motion pictures".

2. Einführung Bewegungswahrnehmung

Im menschlichen Alltag ist Bewegungswahrnehmung allgegenwärtig und erfolgt nahezu unbewusst, so dass wir die Leistungen unseres Wahrnehmungssystems kaum beachten. Im Straßenverkehr, bei der Arbeit und bei Freizeitaktivitäten ist das Erkennen und Verarbeiten von Bewegungsinformationen jedoch elementare Voraussetzung um sich in diesen und anderen Situationen zurechtzufinden. Die Komplexität des Wahrnehmungsprozesses wird bereits an diesen einfachen Beispielen deutlich. Als Passant in einem belebten Innenstadtviertel, erfasst der Betrachter sowohl stationäre Objekte wie Häuser oder Grünflächen, als auch bewegte Objekte wie Autos, andere Personen oder vorbei fliegende Tauben. Zusätzlich kann sich der Betrachter auch noch selbst bewegen, was ebenfalls zu verarbeitende Reizstrukturen erzeugt. Kebeck (1994) unterscheidet daher zwei grundsätzliche Fälle von Bewegung:

1. Der Beobachter ist stationär und das Wahrnehmungsobjekt bewegt sich.
2. Das Objekt ist stationär und der Beobachter bewegt sich.

Dem menschlichen Organismus fällt die Unterscheidung, beziehungsweise der Wechsel zwischen beiden Fällen nicht weiter schwer, denn die Verschiebung der Bilder auf der Retina erfolgt in beiden Fällen und wird als Bewegung erkannt.

2.1 Leistung und Klassifikation des Wahrnehmungssystems

Aufgrund der hohen Komplexität des menschlichen Wahrnehmungssystems ist es im Rahmen psychologischer Untersuchungen wichtig, die Klassifizierung der verschiedenen Leistungen noch weiter zu vertiefen. Dazu hat Goldstein (2002) eine Taxonomie entworfen, die im Folgenden dargestellt werden soll.

Zunächst wird bei der Aufgliederung visueller Bewegungen zwischen *Bewegungen des gesamten Gesichtsfeldes* und *lokalen Bewegungen innerhalb des Gesichtsfeldes* unterschieden. Ersteres steht vor allem für Situationen, in denen sich der Betrachter selbst bewegt und dabei durch Drehung des Kopfes umherschaut. Beim Einkaufsbummel oder Spazierengehen entnimmt das visuelle System der natürlichen Umgebung alle wichtigen Informationen, um eine sichere Fortbewegung zu gewährleisten. So sind wir in der Lage, eventuell auftretenden Hindernissen, etwa anderen Passanten, auszuweichen oder einfach den richtigen Weg zu finden. Auch die Bewegung des Kopfes ist ein wichtiger Bestandteil der aktiven visuellen Wahrnehmung. Informationen über die eigene Kopfbewegung sind in den motorischen Steuersignalen und den propriozeptiven Rückmeldungen enthalten. Letzteres wird in der Medizin zu den Ganzkörperempfindungen gerechnet. Propriozeptoren sind Nerven, die in einem ausführenden Organ enden und dessen Eigenreflexe auslösen. Sie vermitteln uns Informationen über die Körperhaltung, über Bewegungen des Körpers oder einzelner Körperbereiche: Wir fühlen, in welcher Körperhaltung wir sind oder welche Bewegungen wir machen, ohne dass wir dazu gezwungen wären, uns selbst dabei zuzuschauen (visuell) oder uns von anderen Leuten erzählen (auditiv) zu lassen, was wir tun. Wir fühlen es (kinästhetisch) dank dem propriozeptiven Feedback.

Lokale Bewegungen innerhalb des Gesichtsfeldes lassen sich wiederum in drei Unterklassen differenzieren. Zum einen fallen unter diese Bezeichnung *Objektbewegungen und Bewegungen von Oberflächen*. Diese Gruppe umfasst Bewegungsbahnen und Geschwindigkeit von starren Körpern, also deren Translations-, Rotations- und Pendelbewegungen, sowie deren Kollision. Ferner umfasst diese Gruppe die Verformung von Objekten, beispielsweise Vorbeiziehende Wolken oder Oberflächenbewegungen des Wassers in einem See. Die zweite Gruppe bezieht sich auf die Wahrnehmung der *Bewegung von Personen und anderen Lebewesen* und stellt eine besonders bedeutsame Leistung des menschlichen Wahrnehmungssystems dar. Sowohl Situationen der Fortbewegung, wie rennen, springen und gehen, aber auch Sport, Spiel und Tanz fallen unter diese Rubrik. Viel wichtiger ist jedoch die Kommunikation und Interaktion zwischen Personen, auf die sich das soziale Zusammenleben von Menschen und Tieren stützt. Mimik und Gestik, beispielsweise hinzeigen und drohen wären praktische Beispiele für diese Gruppe und verdeutlichen die hohe Relevanz. Es ist kaum vorstellbar sich angemessen in einer Gesellschaft integrieren zu können, ohne die Bewegungen oder Signale von Mitmenschen zu erkennen oder richtig interpretieren zu können. Die letzte Gruppe umfasst die Bewegung der *eigenen Körpergliedmaßen, einschließlich des Gebrauchs von Werkzeugen*. Hier lassen sich vor allem manipulative Bewegungen als Beispiel anführen. So hilft uns die visuelle Wahrnehmung bei der Bewegungskoordination von Gliedmaßen und Händen etwa im Sport, bei der Bedienung der Maus am Computer, oder beim blättern in einer Zeitschrift.

Der dargestellte Klassifizierungsvorschlag verdeutlicht die enorme Komplexität der Aufgaben, welche das visuelle Wahrnehmungssystem tagtäglich bewältigen muss. Umso verwunderlicher erscheint es, dass all diese Leistungen ohne große Anstrengungen und vor allem unbewusst stattfinden. Denn für unser Empfinden ist es nicht bedeutsam, welche der oben beschriebenen Situationen gerade vorliegt. Umso mehr fallen daher Störungen der Bewegungswahrnehmung ins Gewicht. Anhand eines ausgewählten Befundes soll diese Problematik im folgenden Abschnitt daher näher beleuchtet werden.

2.2 Beeinträchtigung der Bewegungswahrnehmung

Unter Wahrnehmung im Allgemeinen versteht man auch die „Sinngebende Verarbeitung von Reizen", wobei Reize jeden Impuls der Sinnesorgane an das Zentralnervensystem umfassen. Die Reizleitungen oder Nervenbahnen transportieren bioelektrische Impulse, welche dann in einen sinnvollen Zusammenhang gebracht werden müssen und vom zentralen „Wahrnehmungsapparat" sozusagen übersetzt werden. Wahrnehmungsstörungen sind somit Störungen der sinngebenden Verarbeitung von Reizen und deutlich von Sinnesschädigungen, wie etwa Kurzsichtigkeit, zu trennen. Da Wahrnehmung das eigentliche Bindeglied zwischen Individuum und seiner Umwelt darstellt, welches diese erst durch den Wahrnehmungsprozess aufnehmen kann, sind Störungen in diesem Bereich besonders folgenschwer und oftmals mit erheblichen Beeinträchtigungen der Betroffenen verbunden (Fröhlich, 1978).

Besonders deutlich treten diese Schwierigkeiten in den seltenen Fällen von *Bewegungsagnosie* hervor. Goldstein (2002) beschreibt den Fall einer 43-jährigen Frau, die aufgrund eines Hirninfarktes ihre Fähigkeit zur Bewegungswahrnehmung verloren hatte. In ihrem Gehirn waren Teile des bereits oben erwähnten mediotemporalen Areals beschädigt, was wiederum entscheidende Bedeutung für die Bewegungswahrnehmung hat. Vergleichbare Defekte können auch in der kindlichen Entwicklungsphase auftreten, wenn Teile des Gehirns nach der Geburt beschädigt oder nicht richtig ausgeprägt sind. Diese Regionen bilden sich dann zurück und die Schäden sind irreversibel. Im oben beschriebenen Fall, waren für die Patientin durchaus alltägliche Aktivitäten nicht mehr zu bewältigen. So war sie beispielsweise nicht in der Lage Flüssigkeiten von einem Gefäß ins nächste umzuschütten, da es ihr unmöglich war den veränderten Flüssigkeitsstand im Gefäß zu erkennen. Sie konnte also nicht sehen ob ein Glas leer oder voll ist, in das sie ein Getränk eingießen wollte. Des Weiteren konnte sie sich nicht mit anderen Menschen unterhalten, da sie deren Mundbewegungen nicht nachvollziehen und bestimmte Gestiken nicht sehen konnte. Hier wird die oben erwähnte Bedeutung der Wahrnehmungsfähigkeit für das soziale Zusammenleben deutlich. Zusätzlich gestaltete sich die Teilnahme am öffentlichen Straßenverkehr für die Patientin als äußerst gefährliches Unterfangen. Herannahende Autos erkannte sie erst, als diese bereits kurz vor ihr standen. Die dargestellten Problemfelder verdeutlichen eindrucksvoll die enorme Bedeutung der visuellen Bewegungswahrnehmung in unserem alltäglichen Leben und die enge Verknüpfung mit dem Erkennen und adäquaten Reagieren auf bestimmte Situationen.

3. Wahrnehmung von Objekt- und Scheinbewegungen

Die Untersuchung der Wahrnehmung von Bewegungen in unserer Umwelt konfrontiert den Interessenten mit einigen, zum Teil noch nicht gänzlich erschlossenen Problemen. Bei naiver Betrachtung könnte man versucht sein, Bewegungen als einfache retinale Bildbewegungen zu erklären, also beispielsweise durch einen Lichtpunkt der über die Netzhaut wandert und nacheinander verschiedene Rezeptoren aktiviert. Die Auswertung der stattfindenden neuronalen Prozesse wäre dann die Grundlage für die Auswertung der Bewegungswahrnehmung (Goldstein, 2002). Die Darstellungen in Kapitel 2.1 verdeutlichen jedoch die große Anzahl verschiedener Situationen von Bewegungswahrnehmung, die jeweils mit äußerst komplexen Reizmustern verbunden sind. Die Auswertung dieser Reizmuster muss daher ebenso komplex sein und steht in absolutem Gegensatz zu der Mühelosigkeit, mit der unser Organismus diese Aufgabe bewältigt. Im folgenden Abschnitt soll genau dieser Vorgang näher beleuchtet werden, um im Anschluss Variationen aufzuzeigen, wie unser Wahrnehmungssystem getäuscht werden kann.

3.1 Visuelles Erfassen von Bewegungen

Zum besseren Verständnis wird zunächst lediglich von einem stationären Beobachter ausgegangen, der die Bewegung eines einzigen Objektes wahrnimmt. Man kann dabei im Wesentlichen zwei Bewegungsrichtungen unterscheiden: entweder das Objekt bewegt sich transversal, also in festem Abstand parallel zum Beobachter oder es bewegt sich radial, also auf den Beobachter zu. Ersteres entspricht in der Realität beispielsweise einem Fußgänger der ein vorbeifahrendes Auto beobachtet. Eine radiale Bewegung ist dann gegeben, wenn sich das Auto direkt auf den Fußgänger zu bewegt, wenn dieser die Straße überquert. Die ständige Verdeckung und Wideraufdeckung des Hintergrundes durch das beobachtete Objekt gibt die Bewegungsrichtung an. Bewegt sich das lokalisierte Objekt nun radial auf den Beobachter zu, so kommt es zur Magnifikation, also Vergrößerung des Sehwinkels. Dieser bestimmt die Größe des Objektes auf unserer Netzhaut und erhöht sich folglich bei schwindendem Abstand zwischen Objekt und Auge. Hat der Sehwinkel eine Größe von 30° bis 40° überschritten, so verhalten sich Mensch und Tier als stünde eine Kollision kurz bevor und weichen aus (Kebeck, 1994).

Ebenso wichtig wie das erkennen der Bewegungsrichtung eines Objektes, ist dessen Geschwindigkeit. Die Frage ist nun ab welcher Geschwindigkeit das menschliche Auge in der Lage ist, ein Objekt als bewegt wahrzunehmen. Entsprechende Untersuchungen ergaben, dass dies bereits bei einer Geschwindigkeit von 0,025 cm pro Sekunde möglich ist, wenn sich das Objekt in einem Abstand von 50 cm vom Auge entfernt bewegt (Hochberg, 1971; zit. nach Kebeck, 1994, S. 72). Eine nicht zu vernachlässigende Einflussgröße ist dabei jedoch der Hintergrund. Im geschilderten Fall vollzog sich die Bewegung vor einem gut strukturierten Hintergrund, wie er für unsere alltägliche Umgebung typisch ist. Die Verschiebung des Hintergrundes, wie sie beispielsweise beim Blick aus dem Fenster eines fahrenden Zuges erfolgt, beeinflusst demnach sowohl die wahrgenommene Richtung als auch die Geschwindigkeit eines fixierten Objektes.

Bei der Erfassung von Objektbewegungen muss das visuelle System zunächst das Korrespondenzproblem lösen, welches dadurch entsteht, dass auf beiden Netzhauthälften korrespondierende zeitliche und räumliche Informationen eintreffen und richtig zueinander in Beziehung gesetzt werden müssen. Dazu bemerkt Goldstein (2002):

„Die Bewegungssignale werden dazu lokal analysiert, in geeignete Regionen segmentiert und dann integriert. Diese Zwischenresultate müssen weiter zusammengefasst und gemeinsam in die Gesamtauswertung des Bewegungsmusters eingespeist werden. Bereits bei den lokalen Messungen muss sowohl die Segmentierung als auch die Integration „richtig" sein. Nur dann können in den weiteren Schritten aus den Zwischenresultaten die adäquaten Wahrnehmungsergebnisse entstehen" (S. 286).

Zusätzlich arbeitet das visuelle System bei der Auswertung nach festgelegten Regeln, nach denen mögliche Resultate an unterschiedliche Prioritäten gekoppelt sind. So entstehen geradlinige Bewegungen eher als etwa konvergierende Bewegungsmuster. Bereits bei der Betrachtung eines einzigen Objektes mit begrenzten Bewegungsmöglichkeiten wird die hohe Komplexität des Wahrnehmungsprozesses deutlich. Doch die lokale Auswertung einzelner Objektbewegungen genügt in der Regel nicht, um zu einem adäquaten Ergebnis der Gesamtauswertung von Beobachtungssituationen, wie etwa einer belebten Straßenszene, zu gelangen. Wie sich der Übergang von der lokalen Analyse, Segmentierung und Integration von Bewegungsreizen zur „globaleren" Gesamtauswertung genau gestaltet, ist nach derzeitigem Kenntnisstand noch nicht erschöpfend geklärt. Sowohl für die anfänglichen „lokalen Messungen", als auch für die „Endresultate" sind gewisse Regeln bereits identifiziert worden. Der Übergang zwischen beiden Stadien ist dagegen durch Untersuchungen noch nicht weiter geklärt (Goldstein, 2002). Aufgrund der enormen Schwierigkeiten die sich für das visuelle System mit der richtigen Interpretation der verschiedenen Bewegungsreize verbinden, sind Täuschungen desselbigen leicht möglich. Man spricht in diesem Zusammenhang von so genannten Scheinbewegungen und optischen Täuschungen.

3.2 Scheinbewegungen und „motion pictures"

Der Begriff „Scheinbewegung" erfährt in der psychologischen Forschung verschiedene Definitionen. Zum einen subsumiert man unter Scheinbewegung sämtliche Phänomene die unserem visuellen System vermeintliche Bewegungen von Objekten suggerieren, zum anderen wird mit diesem Ausdruck lediglich die „stroboskopischen Bewegungen" bezeichnet. Ersteres dient als Grundlage für die vorliegende Arbeit. Im Folgenden sollen nun drei der wichtigsten Scheinbewegungen näher beleuchtet werden.

Der so genannte „Motion after-effect" (Bewegungsnacheffekt) wurde mit bewegungs- und richtungssensitiven Neuronen in Verbindung gebracht. Dieses Phänomen, welches auch als Wasserfalltäuschung bezeichnet wird, lässt sich beobachten, wenn man längere Zeit auf einen Wasserfall blickt und anschließend die stationäre Umgebung betrachtet. Diese scheint sich dann kurzzeitig in entgegen gesetzter Richtung zu bewegen.

„Physiologisch wurde dies damit erklärt, dass nach erfolgter Adaption die Aktivität der Neurone, die die Richtung des Wasserfalls kodieren, unter die Spontanentladungsrate sinkt und dadurch die Neurone, die sensitiv für die Richtung entgegen des Wasserfalls sind, eine relativ höhere Entladungsrate aufweisen" (Barlow&Hill, 1963; zit. nach Müsseler&Prinz, 2002).

Neben dem „Bewegungsnacheffekt" ist auch die „induzierte Bewegung" ein bekanntes Beispiel für Scheinbewegungen. Induzierte Bewegungen entstehen, wenn man beispielsweise in einem Zug am Bahnsteig steht und aus dem Fenster blickt. Setzt sich der Zug auf dem Nachbargleis in Bewegung, so ist man zunächst versucht anzunehmen, der eigene Zug würde anfahren. Ebenso hat man in leicht bewölkten Vollmondnächten den Eindruck der Mond rase durch die Wolken, obwohl es die Wolken selbst sind die sich bewegen. Diese Formen der Scheinbewegung entstehen, weil die Bewegung eines größeren Objektes die Bewegung eines kleineren induziert. Das wohl bekannteste Phänomen in diesem Zusammenhang ist jedoch die „stroboskopische Bewegung". Sie wird dadurch erzeugt, dass Lichtquellen, welche sich in einem bestimmten räumlichen Abstand befinden, kurz nacheinender aufleuchten. Bei einem geeigneten Zeitintervall nimmt der Betrachter die Bewegung eines Lichtpunktes wahr, anstatt statisch aufleuchtende Lichter zu erkennen. Bereits 1912 beschäftigte sich der deutsche Psychologe Max Wertheimer (1880-1943) in seinem Aufsatz: „Experimentelle Studien über das Sehen von Bewegungen" mit diesem Phänomen. Er kam zu der Erkenntnis, dass die Art der Bewegung sowohl von der zeitlichen Abfolge des Aufleuchtens, als auch dem räumlichen Abstand zwischen den Lichtquellen beeinflusst wird. So nimmt der Betrachter lediglich zwischen 30 und 200 ms Reizintervalldauer eine Bewegung wahr. Unterhalb dieser Zeitspanne scheinen die Lichtquellen gleichzeitig aufzuleuchten und oberhalb von 200 ms nimmt der Beobachter einzeln aufleuchtende Lichtquellen wahr. Bei steigendem Abstand zwischen den Lichtquellen muss entweder die Intensität oder das Zeitintervall des Aufleuchtens erhöht werden (Goldstein, 2002). Die Filmindustrie hat sich diese Effekte erfolgreich zunutze gemacht und ist auf diese Weise in der Lage, bewegte Bilder (motion pictures) auf einer Leinwand zu produzieren. Im Kino entsteht durch die kontinuierliche Abfolge statischer Einzelbilder, im Regelfall 24 Einzelbilder pro Sekunde, ein Bewegungseindruck. Im Fernsehen sind es heutzutage je nach System sogar 25 bis 30 Einzelbilder pro Sekunde, welche entsprechende Bewegungen auf dem Bildschirm erzeugen. Die hohe Anzahl der Einzelbilder verringert wiederum das so genannte „Flimmern", dass bei alten Schwarz-Weiß-Filmen zu beobachten ist.

4. Schlussbemerkungen

Die kurze Abhandlung der Problematik der visuellen Bewegungswahrnehmung hat bereits einige wesentliche Aspekte aufgezeigt. Das hochkomplexe und komplizierte Wahrnehmungssystem in seiner Gesamtheit ist selbst mit den heutigen modernen Forschungsmethoden kaum erschöpfend zu erklären. Die enorme Leistungsfähigkeit des visuellen Systems, allein im Bereich der Bewegungswahrnehmung wurde skizziert und die schwerwiegenden Probleme im Falle einer Beeinträchtigung desselbigen aufgezeigt. Neben der exakten Erklärung der tatsächlichen kognitiven Prozesse im Rahmen der Interpretation aufgenommener Bewegungen in unserer Umwelt, stellen sich der aktuellen Forschung weitere Themen. So erfordert beispielsweise das visuelle Gedächtnis für Bewegungen, oder die Unterscheidung von primärer und sekundärer Bewegungswahrnehmung noch umfangreiche Untersuchungen. Auch ist die Bewegungswahrnehmung nicht allein auf das Sehen beschränkt. So lassen sich die Phänomene der beschriebenen Scheinbewegungen auch bei taktiler Stimulation der Haut beobachten.

Literaturverzeichnis

Kebeck, Günther (1994). Wahrnehmung: Theorien, Methoden und Forschungsergebnisse der Wahrnehmungspsychologie. Weinheim; München: Weinheim Verlag.

Goldstein, E.Bruce (2002). Wahrnehmungspsychologie. Heidelberg: Spektrum, Akademischer Verlag.

Müsseler Jochen, Prinz Wolfgang (2002). Allgemeine Psychologie. Heidelberg: Spektrum, Akademischer Verlag.

Fröhlich, Andreas (Hrsg.).(1978). Wahrnehmungsstörungen und Wahrnehmungstraining bei Körperbehinderten. Rheinstetten: Schindele-Verlag.